Für Mimi & ihr ...

von R...

Februar 2011

Das didaktische Konzept zu Sonne, Mond und Sterne
wurde mit Prof. Dr. Manfred Wespel, Pädagogische Hochschule
Schwäbisch Gmünd, entwickelt.

Beim Druck dieses Produkts wurde
durch den innovativen Einsatz der
Kraft-Wärme-Kopplung im Vergleich
zum herkömmlichen Energieeinsatz
bis zu 52% weniger CO₂ emittiert.
Dr. Schorb, ifeu.Institut

© Verlag Friedrich Oetinger GmbH, Hamburg 2011
Alle Rechte vorbehalten
Titelbild und farbige Illustrationen von Verena Körting
Druck und Bindung: Mohn media · Mohndruck GmbH, Gütersloh
Printed 2011
ISBN 978-3-7891-1201-0

www.oetinger.de

Rusalka Reh

Laus-Alarm
bei Onkel Wanja

Bilder von
Verena Körting

Verlag Friedrich Oetinger · Hamburg

Inhalt

1. Warum juckt das so?

Die Schule ist aus.
Endlich sind Sommerferien!
Merle geht neben Tim.
Tim ist ihr bester Freund.

Merle kratzt sich am Kopf.
Warum juckt das heute so?

„Du bist ja ein Affe!",
sagt Tim.
„Selber Affe!", ruft Merle.
Sie rennt nach Hause.

„Hallo, mein Stern!",
sagt Mama. „Heute habe ich frei.
Wollen wir etwas malen?"
„Au ja!", ruft Merle.

Mama legt Papier
auf den Tisch.
Merle setzt sich
auf Mamas Schoß.

Sie nimmt einen Stift
und malt eine Wolke.

Merle muss sich schon wieder
am Kopf kratzen.
Aber was ist das?
Was ist das da
auf dem Papier?

Das hat Merle nicht gemalt!
Das ist keine Wolke!
Das krabbelt!

Mama schaut genau hin.
„Das ist vielleicht eine Laus",
sagt sie.

Sie holt einen Kamm.
Sie kämmt Merles Haare.

Sieben Läuse fallen
auf die Wolke.
Alle rennen über das Papier.

2. Das Laus-Lied

„Es juckt so, Mama!",
sagt Merle.
Sie hat braunes langes Haar
mit einer gelben Spange darin.

„Das glaube ich dir!",
sagt Mama. „Ab ins Bad!
Laus-Alarm!"

Mama wäscht Merles Haare.
Das Shampoo riecht iiiiih!

Mama kämmt Merle
mit einem Läuse-Kamm.
Das ziiiiiept!

Mama singt:
„Arme, arme kleine Laus,
geh aus Merles Haaren raus!
Merles Kopf ist nicht dein Haus,
geh und tanz woanders!"

Merle und Mama singen
zusammen das Laus-Lied.
Immer und immer wieder.

3. Onkel Wanja

Mama nimmt eine Lupe.
Sie schaut auf Merles Kopf.
Ganz genau schaut sie.

„Wir sind sie los!", ruft sie.
„Jetzt ist Onkel Wanja dran."

Onkel Wanja ist
Merles Kuscheltier.
Es ist
ein großer brauner Hund,
der immer lacht.

„Aber warum denn?",
fragt Merle.

„Alles wird gewaschen!",
sagt Mama. „Deine Mütze,
dein Kissen und Onkel Wanja.
So ist das eben bei Laus-Alarm."

Merle liebt Onkel Wanja.
„Du kannst alles waschen",
sagt sie. „Aber Onkel Wanja nicht.
Dem wird doch schlecht
in der Waschmaschine!"

4. Blöde Läuse!

Merle holt Onkel Wanja.
Sie drückt ihn fest an sich.
Grimmig schaut sie Mama an.

„Also gut", sagt Mama.
„Dann muss er aber
einen Tag lang ins Eisfach!
So ist das eben bei Laus-Alarm."

„Muss er nicht!",
ruft Merle.
„Da wird ihm ja eiskalt!"
Sie ist sauer.

„Blöde Läuse!", sagt sie.

Mama geht aus dem Bad.

Sie ist auch sauer.

„Ja, blöde Läuse!", sagt sie.

5. Tim hat ein Geheimnis

Da klingelt es an der Tür.

Merle macht einen Spalt weit auf.

Mit einem Auge schaut sie hinaus.

Es ist Tim.

„Ich bin kein Affe", sagt Merle.
„Nein, bist du nicht", sagt Tim.
„Du bist meine beste Freundin."
Sie lachen.

„Onkel Wanja hat Läuse",
sagt Merle.
„Kratzt er sich viel?",
fragt Tim.
„Und wie!", sagt Merle.

Tim kennt den Laus-Alarm.
Er sagt Merle ein Geheimnis
gegen Kuscheltier-Läuse.
„Ach so", sagt Merle leise.
„Bis bald!"

6. Onkel Wanja und die Tüte

Merle schleicht
in die Küche.
Sie nimmt eine Tüte
aus dem Schrank.
Die Tüte ist sehr groß.

Merle holt Onkel Wanja.
Sie setzt ihn sich auf den Schoß.

„Du musst keine Angst haben",
sagt sie. „Die Tüte ist so groß
wie ein kleines Haus.
Darin wohnst du für drei Tage."

Dann stellt sie
Onkel Wanjas kleines Bett
in die Tüte.

Sie legt Onkel Wanja
in das Bett in der Tüte.
Sie schaut von oben hinein.
Onkel Wanja guckt ganz ernst.

„Wenn ich dich wieder raushole,
bist du sie los",
flüstert Merle. „Sei tapfer!"
Sie bindet die Tüte fest zu.

7. So ist das eben

Merle geht zu Mama
ins Wohnzimmer.

Sie flüstert ihr etwas ins Ohr.
Pssspsssspssspsss ...
Mama staunt!

„Ach so!", sagt sie.

Merle sagt: „So ist das eben
bei Laus-Alarm."

Mama lacht.

Sie wuschelt Merle

durch die Haare ohne Läuse.

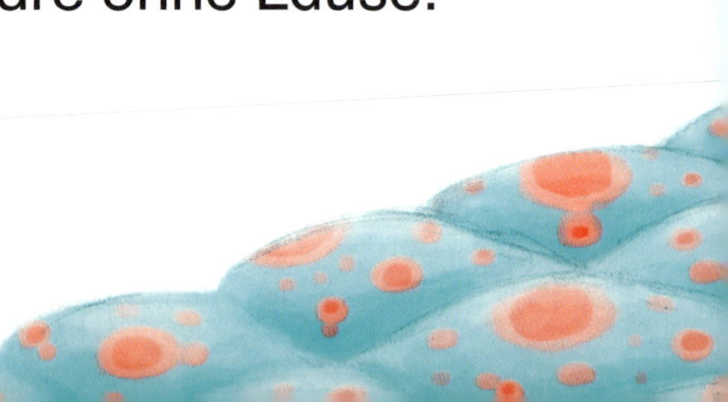

Merle liegt im Bett.
Die Tüte mit Onkel Wanja
steht neben ihr.
Mama und Merle singen:

„Arme, arme kleine Laus,
geh aus Wanjas Haaren raus!
Wanjas Fell ist nicht dein Haus,
geh und tanz woanders!"

„Onkel Wanja ist tapfer",
sagt Mama. „Er braucht
einen Nacht-Keks."

Schnell macht sie die Tüte auf.
Sie wirft einen Keks hinein.
Schnell macht sie
die Tüte wieder zu.

8. Der Krümel

Merle singt jeden Morgen
und jeden Abend das Laus-Lied.
Abends wirft Mama
einen Nacht-Keks in die Tüte.

Am vierten Tag
wacht Merle früh auf.

Sie macht die Tüte auf.
Sie nimmt Onkel Wanja heraus
und dann sein kleines Bett.

Mama kommt und schaut
Onkel Wanjas Fell
mit der Lupe an.

„Du bist sie los, Onkel Wanja!",
sagt sie.

Da schaut Merle in die Tüte.
Kein Keks ist darin!
Merle schaut Onkel Wanja an.
Onkel Wanja lacht.

Und was ist das?
Am Maul klebt ihm etwas:
ein dicker, dicker Keks-Krümel!

Hallo!
Ich bin Luna Leseprofi.
Ich fliege durch das All.
Und ich bin ein echter Leseprofi.
Möchtest du mit mir lesen lernen?

Dann beantworte die 5 Fragen.
Löse jetzt das Rätsel und komm mit
in meine Lese-Welt im Internet.
Dort gibt es noch mehr
spannende Spiele und Rätsel!

Leserätsel

1. Wie nennt Mama Merle?

R: kleiner Affe

A: mein Stern

S: Lause-Kind

2. Warum juckt Merles Kopf?

R: Sie hat Schuppen.

E: Ihre Haare sind nicht gewaschen.

L: Sie hat Läuse.

3. Wer ist Onkel Wanja?

P: Das ist Tims Kuschel-Affe.

A: Das ist Merles Kuschel-Hund.

L: Das ist der Onkel aus Amerika.

4. Was ist Tims Geheimnis?

R: Er weiß etwas gegen
Onkel Wanjas Läuse.

U: Er hat auch Läuse.

B: Er hat Angst vor Läusen.

5. Wohin kommt Onkel Wanja?

K: Er kommt ins Eisfach.

O: Er kommt in die Waschmaschine.

M: Er kommt in eine große Tüte.

Ein kleiner Tipp: Schau noch einmal auf den Seiten 8, 11, 17, 26 und 29 nach. Dort findest du die richtigen Antworten.

Lösung: A L A R M

Hast du das Rätsel gelöst?
Dann gib das Lösungswort unter
www.LunaLeseprofi.de ein.
Hole deine Familie, deine Freunde
und Lehrer dazu. Du kannst dann
noch mehr Spiele machen.
Viel Spaß! Deine Luna